レッスンを続けても上手くならない理由とは

こんなことってありませんか？

- 練習場でできてもコースに行くとできない！
- 教えられたようにカラダが動かない、回らない、ぎこちない！
- すぐに元の悪いクセが戻ってしまう・・・などなど！

レッスンを続けても上手くならないのは、あなたのカラダにゴルフスイングに必要なオペレーションシステム（OS）が備わっていないからです。

つまり、よいソフト（理想のスイング）を動かすOSが備わっていないのです。

ゴルフの上達に必要なカラダのOSとは?

無理な動きは再現性がない

ゴルフに使う筋肉や動きは、日常生活で使っている筋肉や動きとはまったく違います。野球やテニスなどとは似ているようですが、やはり違います。

つまり、ゴルフスイングに必要なフィジカル要素(可動域、柔軟性、筋力など)が備わっていないのです。

それが備わっていないカラダでスイング作りをしても無理が生じます。そして、無理のある動きは本番(コース)では決して再現されません。

無理なく理想のスイングを身につけ、そして本番で正しく再現させるためにはゴルフスイングに相応しい「フィジカルのクセ」を習慣づける必要があります。その「フィジカルのクセ」こそがゴルフスイングのOSなのです。

フィジカルのクセを習慣づける

そして、ゴルフに必要なフィジカル要素を作り上げ、ゴルフスイングのOSとして身につける最良の方法が**ゴルフダンス®**です。

ゴルフダンスにはゴルフスイングのOS作りに必要な要素がすべて含まれています。

ゴルフダンスを続けることにより知らず知らずにOSが身についていきます。

ゴルフダンスはゴルフ上達のための高速道路、つまり最もやさしいゴルフの上達法なのです。

ゴルフダンスが正しい動きのクセをつける

★理屈の理解よりも!

★ややこしいドリルよりも!

★きついトレーニングよりも!

ゴルフダンスでできました!!

ゴルフ未経験、2週間のゴルフダンスだけで
理想的なスイングフォームが身につきました。

（モデル）プロダンサー　西島 雪

「世界一やさしいゴルフの上達法」

窓社

ゴルフはダンスで上手くなる！

小暮博則

目次
contents

本書の使い方

本書と付録のDVDは、ゴルフスイングに必要なカラダのOSを身につけるゴルフダンスをくわしく説明しています。

ゴルフダンスには、基本の９種類のダンスと、応用バージョンの３種類のダンスがあります。

基本の９種類のダンスにはスイングのベーシックな要素がすべて盛り込まれています。これを**3つずつ組み合わせた3パターンのスタートプログラム**でダンスの動きを正確に覚えてください**（第2章）**。

スタートプログラム

- 上半身の動き完成プログラム
- 下半身の動き完成プログラム
- 腕と手の動き完成プログラム

ここまで完成したら、次は飛距離アップを目的とした応用バージョンの３つを覚えて、あなたの**ニーズに沿う目的別プログラム**に取り組んでください**（第３章）**。

目的別プログラム

- 飛距離アッププログラム
- プレー直前プログラム
- バックスイング確認プログラム
- ダウンスイング確認プログラム

１日５分、ゴルフダンスに取り組めば、スイングの動きはよくなっていきます。しかし、ナイスショットを打つにはもうひと段階が必要です。そのための**「打点を芯にそろえる実践ドリル」**を用意しました**（第４章）**。

では「世界一やさしいゴルフの上達法」をお楽しみください。

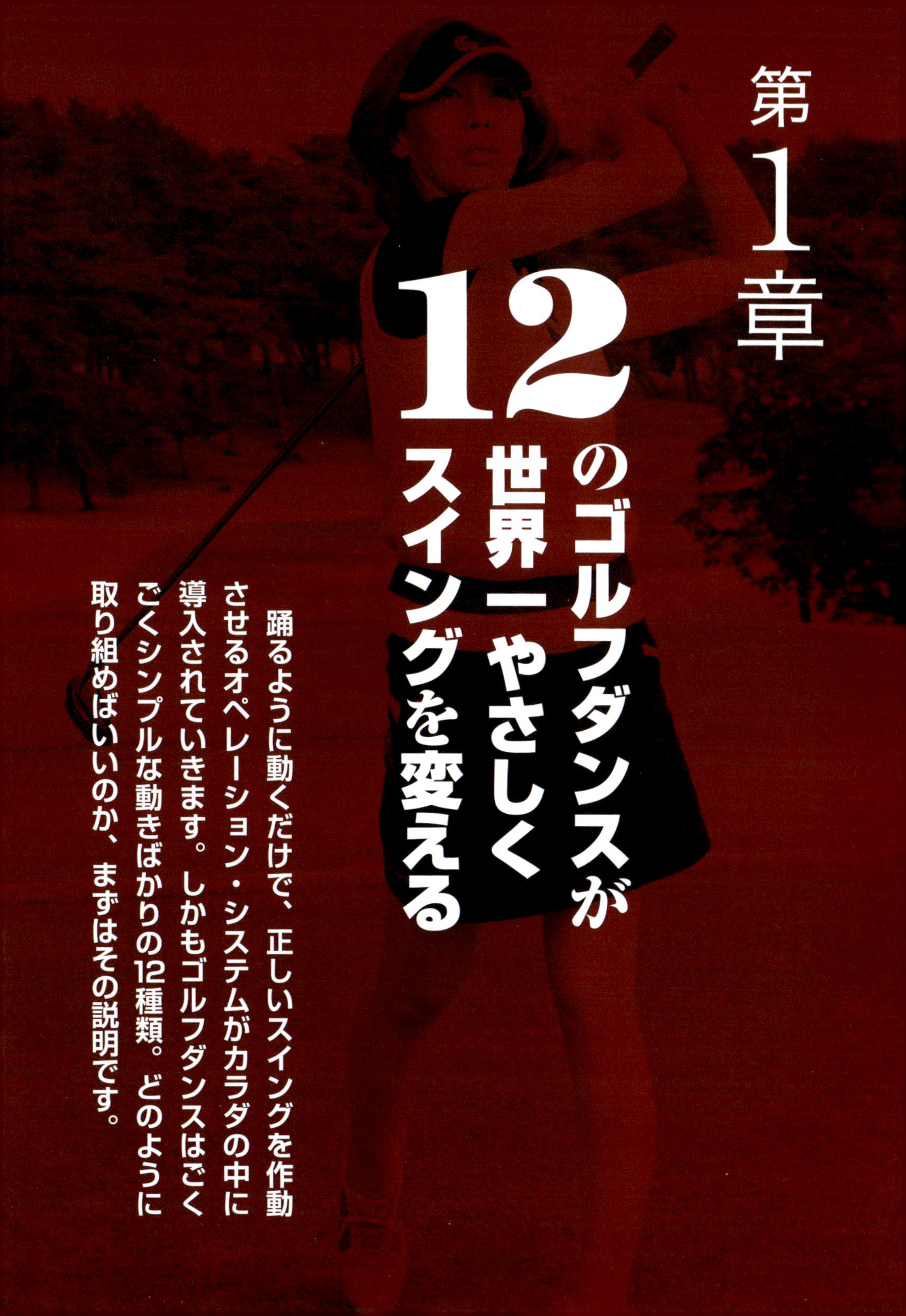

第1章

12のゴルフダンスが世界一やさしくスイングを変える

踊るように動くだけで、正しいスイングを作動させるオペレーション・システムがカラダの中に導入されていきます。しかもゴルフダンスはごくごくシンプルな動きばかりの12種類。どのように取り組めばいいのか、まずはその説明です。

ゴルフダンスは9+3種類で作るプログラム

ゴルフダンスの成り立ちは、**ベーシック9種類**と**応用3種類**。第2章ではベーシックな9種類を紹介していきます。

それを、お好きな曲を聴きながら、リズムに合わせて実行してください。ダンスをするだけで理想のスイングに必要なカラダの準備が整っていきます。

本書の中では、なぜそれがスイングを正しくしていくのかを簡単に説明していますが、極端に言えばそれを読まなくても、OSはインストールされます。

～動きを正確に覚えてください～

ただし、ゴルフダンスの動き方を正確に再現することが必要です。なぜなら、それがカラダの動きのクセとなり、ゴルフスイングの中に取り込まれるからです。本書とDVDで確かめながら、動き方を正確に把握して、実行するようにしてください。

～基本の9種類でOSが備わる～

①アームバックで**アドレスを理想化**します。

そこから②サイドベンド、③アームホライズン、④ショルダーダウンで**腕と上半身の動きのOSがセット**されます。

さらに⑤ヒップターン、⑥ヒップフロント、⑦ヒップスライドで**下半身の動きをよくし**、⑧リストセット、⑨ボディースイングで**クラブを持っての動きとして完成**させる構成です。

①から⑨までを順につなげて踊るのが「基本プログラム」です。これを実行していただくのが理想ですが、まずは1日5分程度ですぐに覚えて取り組めるように組んだ**「スタートプログラム」の3パターン**を試してください（10ページ）。

また、コースで実際にボールを打つ直前に行なう「プレー直前プログラム」や飛距離アップに特化した「飛距離アッププログラム」などの応用パターンもあります（73ページ）ので、目的に応じて適宜選んで実行してください。

ゴルフダンス・ベーシック９種類の紹介

（①から⑨の順に行なうのが「基本プログラム」となります）

⑦ヒップスライド
ダウンスイングの動きの順序を正しくする

④ショルダーダウン
カラダの回転の動きを正しくする

①アームバック
肩甲骨とその周辺の筋肉群の動きをよくする

⑧リストセット
手首の動きを正しくする

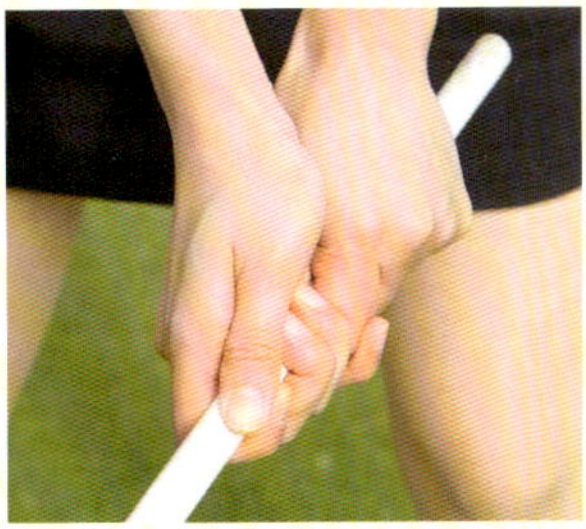

⑤ヒップターン
体幹の回転量を増やす

②サイドベンド
横に屈曲する関節と筋肉の動きをよくする

⑨ボディースイング
すべてを効率よく連動させる

⑥ヒップフロント
ダウンスイングの回転を正しくする

③アームホライズン
腕を体幹に対して正しく動かす

《●「1日5分」のスタートプログラム3パターン●》

上半身の動き完成プログラム

①アームバック

《

②サイドベンド

《

④ショルダーダウン

下半身の動き完成プログラム

⑤ヒップターン

《

⑥ヒップフロント

《

⑦ヒップスライド

腕と手の動き完成プログラム

①アームバック

《

③アームホライズン

《

⑧リストセット

第2章

ゴルフダンス・ベーシック9種類

ダンスの動きを繰り返せば、知らず知らずのうちに正しいスイングの動きが自然に出てくるようにあなたのカラダが変わっていきます。動きを変えていくベースとなるのは、これから紹介するゴルフダンス・ベーシックの9つの動き。9つを適宜つなげたプログラムを覚えて、お好きな曲に合わせて踊ってください。

1 アームバック

目的

最初の動きはアームバック。肩甲骨の可動域を向上させることが目的です。肩甲骨の動きは体幹の動きと腕の動きをリンクさせるカギとなる部分であり、スイング作りのベースとなります。

スタートポジション

スタートポジションの作り方

◎両足を肩幅に開き、左足を1足分前に出す
◎腕は真上に伸ばし
頭の上でスイングスティックを持つ
◎両手の間隔は腕を自然に開く程度
◎体重を右足の上に乗せておく

8回繰り返す

スタートポジション
③の動き

①の動き

①の動き

◎前足に体重を乗せながら
◎腕を伸ばしたまま後ろに動かす
◎胸を開き肩甲骨を寄せる

③の動き

◎元に戻る

アームバックの意識ポイント

両腕を後ろに動かすと
左右の肩甲骨が背骨に寄る

両腕を真上に戻すと
肩甲骨の位置も戻る

腕の動きに合わせ胸が開き肩甲骨が動く

スイングスティックを後ろに引くと左右の肩甲骨がそれぞれ背骨に近づくことを感じてください。同時に胸が開き、肩のまわりの筋肉が伸びているのも感じられます。

ここに注意！

①下を向いたり猫背にならない

②ヒジを曲げない。腕に力を入れない

③おしりを後ろに残さない

これが合格ライン！

腕を伸ばしたまま胸を開いていく

日常生活で意識的に肩甲骨を動かすことはあまりないため、可動域が狭まっているケースが多いのです。それがスイングの悪いクセの原因となりますから、まずはこの部分の可動域を広げること。腕を伸ばしたまま胸を開き、腕が耳の後ろまで動かせれば、合格です。

アームバックでできあがるのは肩まわりのオペレーション・システム！
　まずアドレスがよくなり、バックスイングからトップが深く入るようになります。その結果、理想的なスイングプレーンで振れてスライスが消えていくでしょう！

①
アドレスが美しくなる

Before

肩が丸まっていたり、首が前に折れるなど角度がついた状態では、体幹がスムーズに回転できません。クラブの軌道は悪くなり、カラダの力をムダなく使うこともできなくなってしまいます。

ダンスで

変わる

After

アームバックで肩のまわりをほぐすと、ゆったりと大きなアドレスが作れるようになります。ムダな力も入らなくなり、正しい動きが引き出されます。それがスライス克服につながっていくのです。

ゴルフダンスで
スイングの
ココが変わる!

アームバックで スライスがなくなる

② トップが深くなり インサイドから下ろせる

Before

肩甲骨の動きが悪いとトップで肩が深く入りません。それがダウンスイングでクラブがアウトサイドから下りる原因。つまり、スライスの元凶がココにあるのです。

After

アームバックで肩甲骨の動きをよくすると、トップで右胸が開き、右肩が深く入っていきます。深く入ったトップを作ることが、インサイドからクラブを下ろしていくことにつながります。

◀インサイドから
クラブを下ろせる

2 サイドベンド

目的

2番目の動きはサイドベンドです。目的は、体側《たいそく》の柔軟性を高めること。横に倒れる動きなどスイングにはないように思えますが、実はこのしなやかさこそが、軸をキープするカギとなっています。

スタートポジション

スタートポジションの作り方

◎両足を肩幅に開いて立つ
◎腕は真上に伸ばし
頭の上でスイングスティックを持つ
◎両手の間隔は肩幅より少し広め

4回繰り返す

スタートポジション
③と⑦の動き

①と⑤の動き

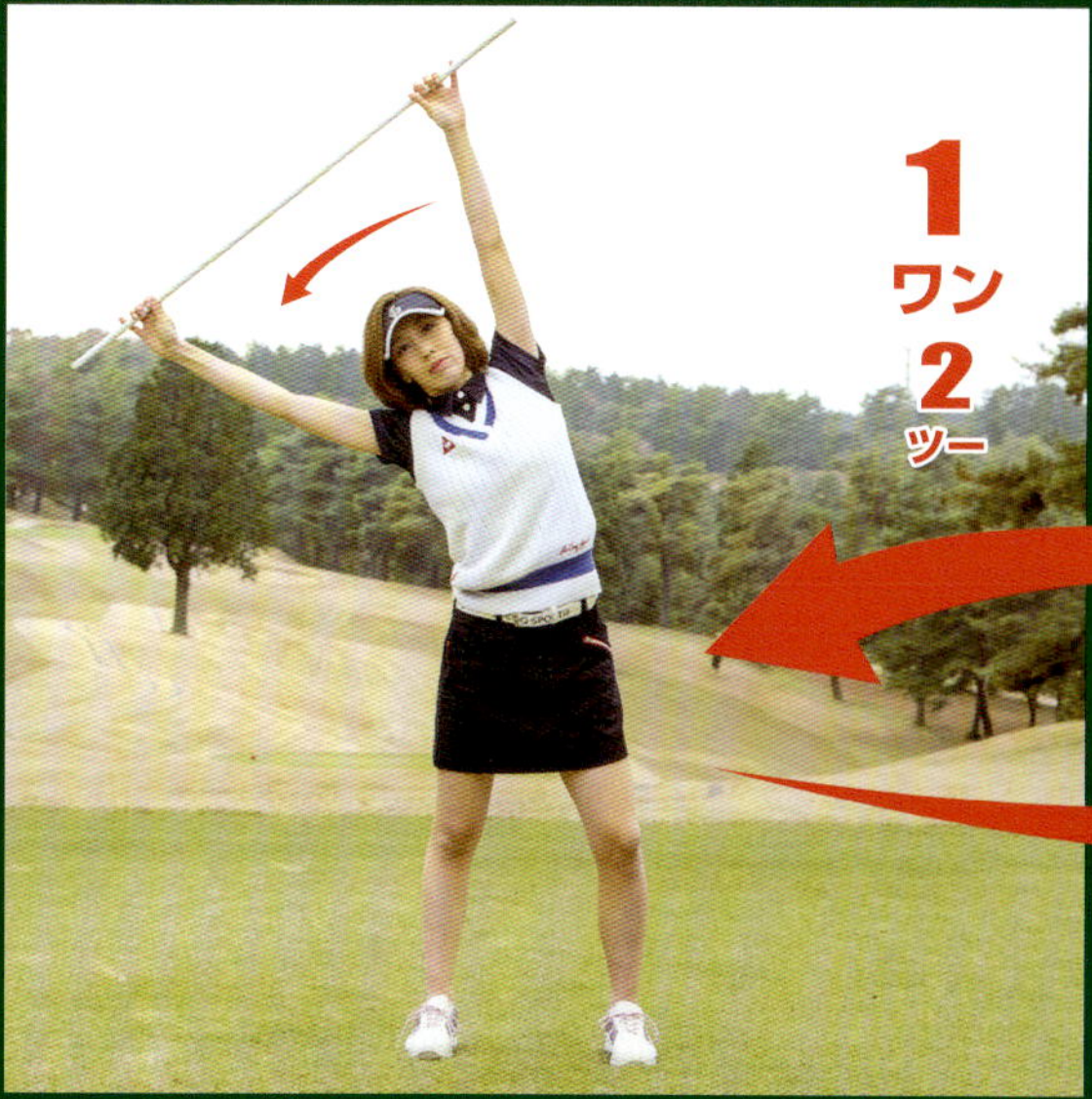

①の動き

◎両肩を結ぶラインを右に倒す

⑤の動き

◎両肩を結ぶラインを左に倒す

サイドベンドの意識ポイント

右に曲げるときはカラダの左側をゆるめる

腰は真っすぐ立てておき、みぞおちから上だけを曲げることが大切です。右に曲げるときは右足体重にし、左の体側をゆるめます。左ヒザを軽く前に出すといいでしょう。

ここに注意！

①カラダがねじれたり前屈みにならない

②腰は真っすぐ立てておく

③勢いをつけずじわーっと伸ばす

これが合格ライン！

両側の柔軟性をそろえておこう

左右の曲がり具合が違う場合は、曲がらないほうを多めに行なってください。ムリに力で曲げようとしたり、勢いをつけることは避けます。

サイドベンドでよくなるのは、軸を保つ動きのオペレーション・システム。カラダを捻転する際には、体側の伸び縮みが必須要素です。体側がスムーズに動かないと、正しい軸のキープはできず、頭が左右に動いたり軸が傾いてしまいます。それがダフリの原因なのです。

①
スイング軸をキープすることができる

Before

バックスイングするときにカラダを左に曲げるサイドベンドの動き（赤丸で囲んだ写真の動き）がないと、肩が水平に回り、頭が右にズレます。上半身の軸が右に倒れるためダフリの原因となります。

After

バックスイングでは左の体側を縮め、右の体側を伸ばすサイドベンドの動き（同上）を組み込むことで、頭の位置が保たれます。それにより、スイング軸の傾きをキープした理想のトップが作れます。

ゴルフダンスで
スイングの
ココが変わる!

サイドベンドで ダフリがなくなる

② 左ワキが締まり 上からクラブを入れられる

Before

肩が水平に回ると、トップでの右肩の位置が低くなり、左ワキが開きます。ダウンスイングではクラブが寝るため、インから下り、ヘッド軌道の最下点が右にズレます。つまりダフリです。

ゴルフが
変わる

After

カラダを左に曲げる動きをバックスイングにとり入れると、トップでの右肩が高い位置になり、自然に左ワキが締まります。トップの位置も高くなり、上からダウンブローでインパクトできます。

ゴルフダンスで
スイングの
ココが変わる！

サイドベンドで
ダフリがなくなる

③
クラブが自然に
高く上がる

Before

肩が水平に回るとクラブの位置が高く上がっていかず、自分のイメージしている位置より低いため、手先を使ってさらに上げていこうとします。そうするとダウンスイングも手で下ろすためミスが増えてしまうのです。

After

カラダを左に曲げる動きをバックスイングにとり入れると、左肩が低く、右肩が高くなります。その結果手が高く上がったトップが作れます。手先を使わずにこの形が作れるため、ダウンスイングでも悪い動きが出てきません。

スイングが
やさしく
身につく
理由

シンプル
メカニズムの
小暮理論を
ひもとく

頭を左右に揺らさない「左重心スイング」のススメ

頭はカラダの中でもっとも重たい部分です。これを左右に揺らしながらスイングするよりも、中心に据えたほうが動きは安定します。しかも、カラダの真ん中に軸をイメージして回転でクラブを振れば、ヘッド軌道は真円となりますから、もっともスムーズに加速させることもできるのです。

私がオススメするのは、少しだけ左足に多く体重を乗せた状態をキープする左重心スイングです。ダウンブローで安定して飛距離を伸ばせますし、ドライバーも同じ動きでしっかりと打てます。

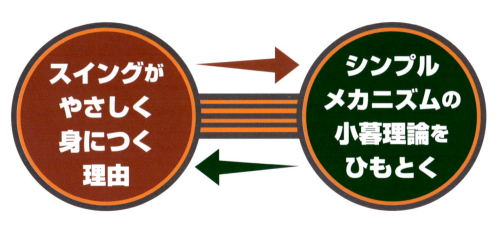

3 アームホライズン

目的

3番目の動きはアームホライズンです。肩まわりの動きのオペレーション・システムを整えることで、腕が体幹の動きに同調するようにしていきます。スイング軌道がよくなり、ヘッドスピードが向上します。

スタートポジション

スタートポジションの作り方

◉両足を肩幅に開き左足を1足分前へ
◉腕は伸ばし
肩の高さでスイングスティックを持つ
◉両手の間隔は肩幅より少し広め

4回繰り返す

スタートポジション
③と⑦の動き

①と⑤の動き

①の動き

◉胸を正面に向けたまま
スイングスティックを右に動かす

5《ファイブ》
6《シックス》

⑤の動き

◉胸を正面に向けたまま
スイングスティックを左に動かす

アームホライズンの意識ポイント

ワキが締まれば 腕は体幹に同調して動く

腕を動かすことは大切ですが、ワキが開いていると、腕の動きは体幹の動きと切り離されてコントロール不能となりますから、ワキは締めることが大切。肩を止めて腕を水平に動かせば、自然にワキが締まることを確認してください。

ここに注意！

①肩を回さず胸は正面に向けておく

②ヒジを曲げない

③腕は水平に動かす

これが合格ライン！

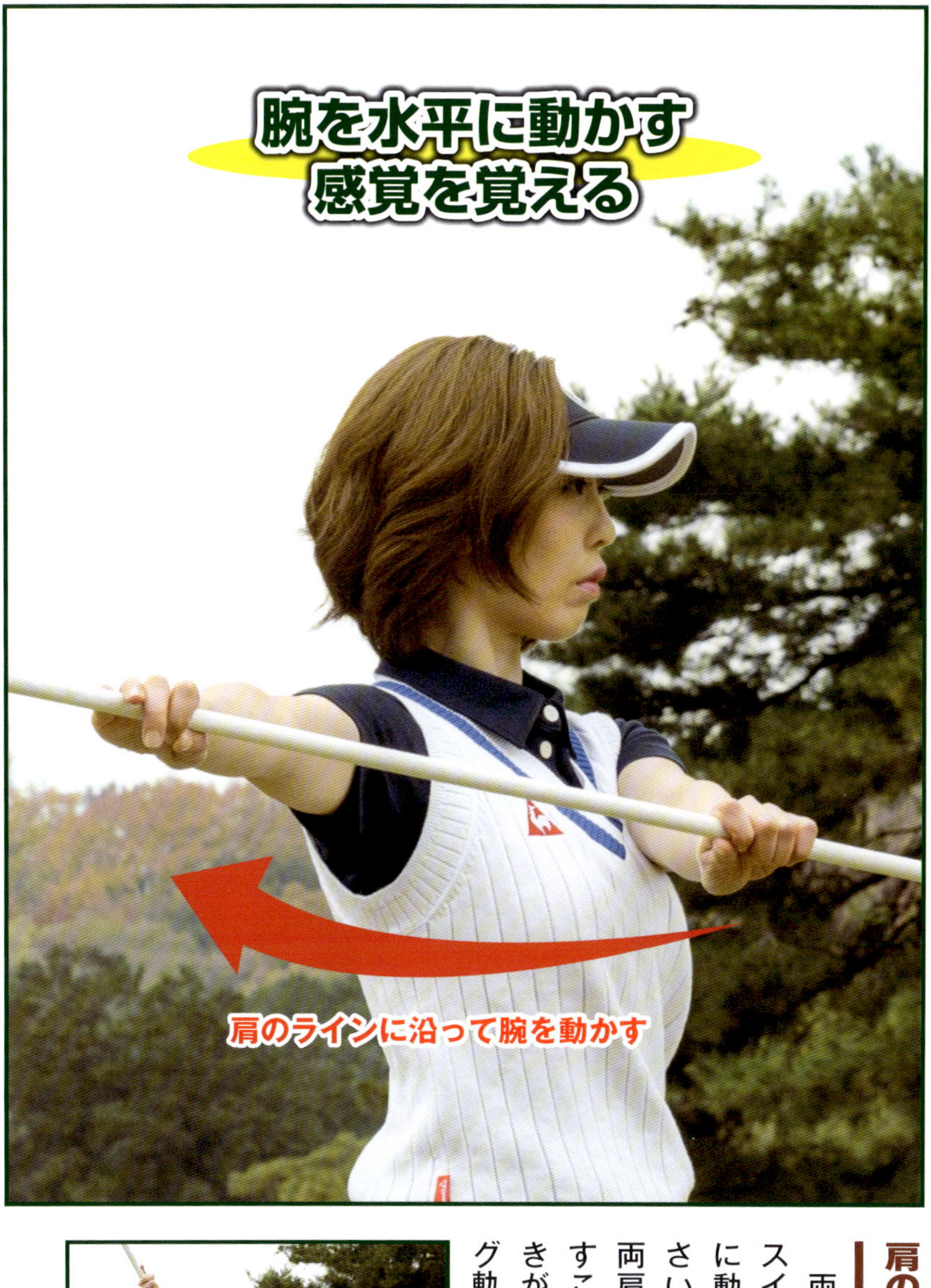
腕を水平に動かす
感覚を覚える
肩のラインに沿って腕を動かす

前傾した状態では肩のラインに平行に動かす

両肩の前で水平に持ったスイングスティックを平行に動かす感覚を覚えてください。前傾した状態では、両肩のラインと平行に動かすことになります。この動きが乱れなければ、スイング軌道は安定してきます。

前傾したときの
肩のラインに沿って動かす

アームホライズンで体幹に連動する腕の動きのオペレーション・システムがインストールされます。シャフトクロスが原因の“手打ち”がなくなってスイングプレーンが安定するため、ナイスショットの確率が高まります。とくにプッシュアウトやシャンクの悩みが解消されるでしょう。

①
シャフトクロスによる
クラブの振りすぎが直る

Before

バックスイングの始動で左ワキが開くとトップでは右ワキが開いて、ヘッドがターゲットより右を向くシャフトクロスになります。この状態からのダウンスイングは非常に不安定になります。

After

バックスイングで左肩が動く前にアームホライズンの動きをすることで、左ワキが締まり、腕と体幹が連動したトップが作れます。クラブも理想的な位置に収まり、ダウンスイングが安定します。

ゴルフダンスで
スイングの
ココが変わる！

アームホライズンで
プッシュアウトやシャンクがなくなる

②
シャフトが寝なくなり
プッシュアウトが消える

Before

ダウンスイングでクラブが寝てしまい、プッシュアウトが出るのは、ワキが開くことが原因です。直立して、その状態を再現すると写真の形になります。アームホライズンで腕の動きを身につければ、この形はもうあり得ません。

ゴルフが

変わる

After

アームホライズンで胸を正面に向けたまま腕を左右に動かす動きをカラダに覚えこませると、シャフトを立てたまま下ろせるようになります。軌道もフェース向きも理想化し、インパクトが安定します。

ゴルフダンスでスイングのココが変わる！

アームホライズンで プッシュアウトやシャンクがなくなる

③ ダウンスイングで手が浮かなくなる

Before

バックスイングを真っすぐ引こうとしたり、手を胸の前にキープしようとすると浅いトップになります。そこからクラブをインに下ろそうとしてシャフトを寝かすと手が浮き、シャンクになります。

ダンスで変わる

After

アームホライズンの動きをとり入れてワキを締めると、トップで手がインサイドまで回ってきます。このトップからクラブを立てたまま下ろしてくれば、手はアドレスの位置に戻ってきます。

スイングがやさしく身につく理由

シンプルメカニズムの小暮理論をひもとく

「三角形キープ」ではなく腕は45度＋45度、振る

両腕の三角形をキープするという理論もありますが、これでは手の動きが制限され、クラブヘッドの運動量も小さいものになります。

それよりも、アームホライズンの動きで、胸を正面に向けたままワキが締まるまで45度、腕を水平に振ると、それだけで腕の運動量もクラブの運動量も格段に増えます。ワキが締まっているので、安定を損なう要素がありませんから、安心して使える動きです。

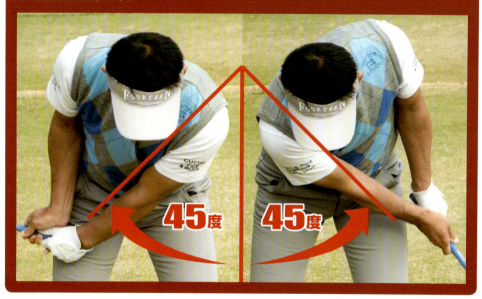

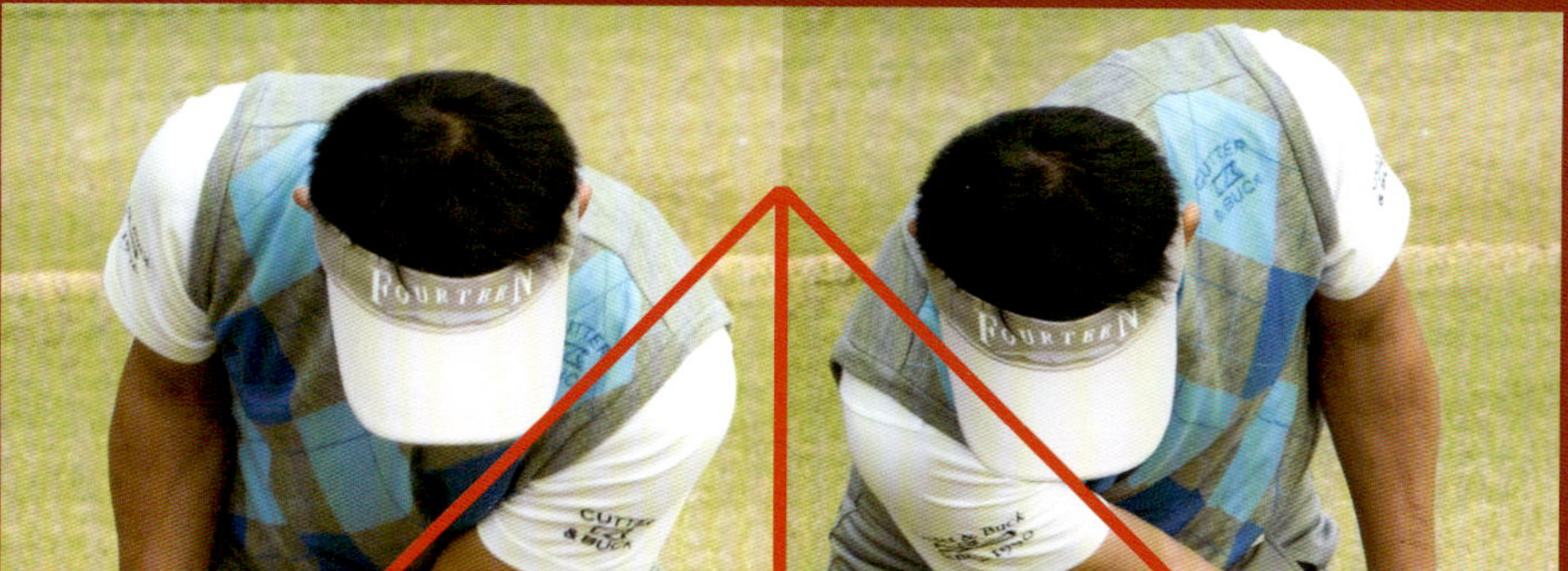

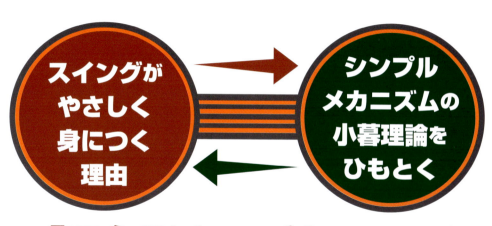

4 ショルダーダウン

目的

4番目の動きはショルダーダウン。肩から背中と胸の大きな筋肉と腕が協調して動くためのオペレーション・システムを整えます。アームホライズンと同じで、肩を止め、胸を正面に向けたまま、腕を動かすことが大切です。

スタートポジション

スタートポジションの作り方

◎両足を肩幅に開き、左足を1足分前に出す
◎スイングスティックは腰の高さで
水平にして両手で持つ
◎両手の間隔は肩幅より少し広めに

①の動き

◎スイングスティックを両手で水平に肩の高さまで上げる

2 ツー

②の動き

◎胸を正面に向けたままスイングスティックを右へ45度動かす

3 スリー

③の動き

◎スイングスティックを水平にしたまま、腕を下へ40度下ろす

4 フォー

④の動き

◎上半身を30度前に傾ける

5 ファイブ

⑤の動き

◎肩を30度、腰を60度回し

◎腕を30度上向きに上げる

4回繰り返し 逆も同じように行なう

＊タイミングが早すぎる場合は、1つの動きに2カウントずつとる

4 ショルダーダウン

＊ショルダーダウンの動きを正面から見た画像です。

スタートポジション

◎スイングスティックは腰の高さで水平に持つ

1 ワン

①の動き

◎肩の高さまで上げる

2 ツー

②の動き

◎右へ45度動かす

3 スリー

③の動き

◎腕を下へ40度下ろす

4 フォー

④の動き

◎上半身を30度前に傾ける

5 ファイブ

⑤の動き

◎肩を30度、腰を60度回し腕を30度上げる

6 シックス　7 セブン　8 エイト

元に戻す

スタートポジション

◎スイングスティックは腰の高さで水平に持つ

1《ワン》

①の動き

◎肩の高さまで上げる

2《ツー》

②の動き

◎左へ45度動かす

3《スリー》

③の動き

◎腕を下へ40度下ろす

4《フォー》

④の動き

◎上半身を30度前に傾ける

5《ファイブ》

⑤の動き

◎肩を30度、腰を60度回し腕を30度上げる

6《シックス》 7《セブン》 8《エイト》 元に戻す

《逆も同じように行なう》

ショルダーダウンの意識ポイント

サイドベンドを使い
前にくる肩を下げる
伸びる

アームホライズンとサイドベンドを組み合わせる

ショルダーダウンのポイントは、アームホライズンで身につけた腕の動きと、サイドベンドで身につけた肩の動きを結びつけること。後ろの肩が大きく回る動きは、アームバックの効果が表れるはずです。

これが合格ライン！

フィニッシュ側でも同じように動かしていく

バックスイングとダウンスイングの前半だけでなく、それと同じ動きをインパクト後からフィニッシュにかけても作れるようにします。フォローへ抜ける動きにも「いいクセ」をつけておくことが、全体の流れをよくしていくからです。

　また、左で覚えたことが右にも活用されるはたらきがあるといわれています。双方で正しい動きに取り組むことで、動きはより安定したものになっていくでしょう。

ショルダーダウンでは体幹と肩、腕が連動するためのオペレーション・システムがインストールされます。手を使わなくても、体幹の動きだけで高いトップが作れるため、トップの上げ方に悩むことがなくなり、上半身の動きが完成します。

①
左肩を下げれば
理想のトップが作れる

Before

アームホライズンのように両肩のラインに沿って腕を回す際、肩を水平に回転させるかぎり、手は高い位置へは上がっていきません。

ダンスで

変わる

After

アームホライズンとサイドベンドを組み合わせたショルダーダウンの動きをとり入れると、手は「肩のラインに沿って動かしただけ」なのに、手の位置は耳の高さに上がってきます。

ゴルフダンスでスイングのココが変わる！

ショルダーダウンまでの動きで上半身と腕の動きが完成する

②
右肩を深く回し右腕を長く使える

Before

バックスイングで左肩を大きく回すことしか考えていないと、右肩の回り込み方が浅くなってしまうケースがあります。右肩の位置についてもチェックが必要なのです。

After

バックスイングでは左だけでなく右ヒジも曲がらないようにします。そうすると、左肩が前に回ってくれれば同時に、右肩も大きく回されていきます。右腕を長く使うことができ、スイングアークを大きくして飛距離を伸ばせます。

5 ヒップターン

目的

ここからは下半身の動き。ヒップターンは、腰を正しく動かすクセをつけ、回転量を増やしていくダンスです。両ヒザの曲げ伸ばし、前後の動きを使うことがポイントです。

スタートポジション

スタートポジションの作り方

- ◎両足を肩幅に開き、左足を1足分前に出す
- ◎重心は真ん中に乗せる
- ◎スイングスティックは腰の高さで水平に持つ
- ◎胸を正面に向けておく

8回繰り返す

スタートポジション
③の動き

①の動き

①の動き

◎ 左ヒザを曲げ、体重を乗せる
◎ 同時に右ヒザを伸ばし腰を60度回す
◎ 右腰が左腰より高くなるように

③の動き

◎元に戻る

ヒップターンの意識ポイント

左ヒザを曲げ
右ヒザを伸ばせば
腰は大きく回る

左腰より右腰が高くなる

左ヒザを曲げながら、体重を乗せ、同時に右ヒザを伸ばすと、腰は自然に大きく回ります。決して水平に回るのではなく、右腰が高くなっていることをスイングスティックの傾きで確かめてください。

ここに注意！

①腰を水平に回すのは間違い

②ヒザの向きや曲がり具合はキープしなくていい

これが合格ライン！

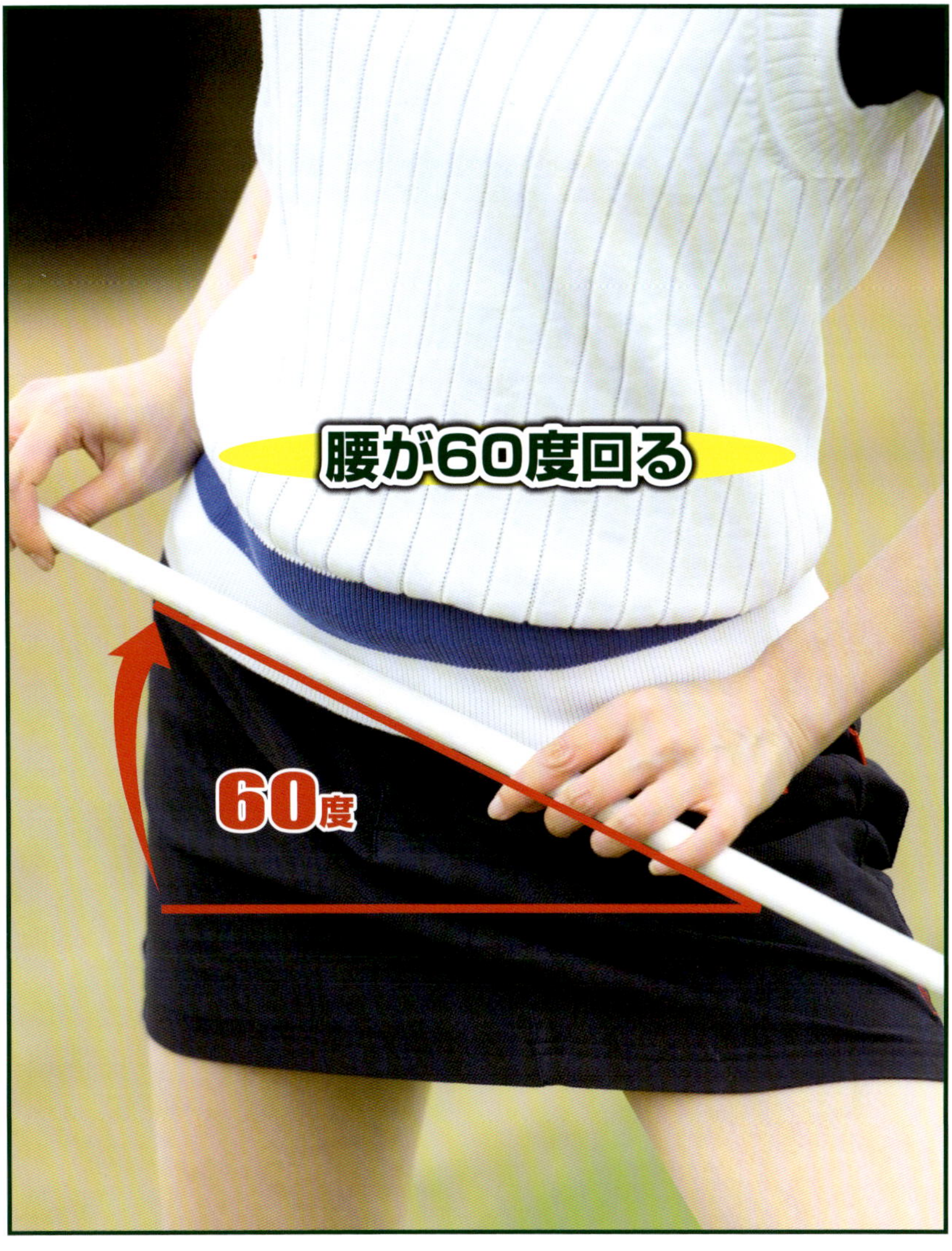

ヒザの向きや高さのキープよりも回転量が大切

左ヒザは曲げれば前に出ます。右ヒザを伸ばすと後ろに動きます。その前後差がそのまま左腰と右腰の位置の違いになり、ムリせず大きな回転量をかせぎます。このダンスを繰り返すことで、スタンスをスクエアに戻した通常のスイング時も、腰が大きく回るようになります。

ヒップターンでヒザの前後の動きをともなった腰の回転が最適化されます。回転量が増え、トップが深くなるため飛距離はアップ。ダウンスイングで右腰が前に出なくなるため、アウトサイド・インが原因のプルスライスがなくなっていきます。

①
ヒザが動けば回転量が増え インサイドから下ろせる

Before

ヒザの向きや高さをキープすることが大切と勘違いしていると、バックスイングで腰が回らず、その結果ダウンスイングで右腰が前に出て、アウトサイド・インのスイング軌道になります。

ダンスで変わる

After

ヒップターンで身につけたヒザと腰の動きによって、トップで右腰は深い位置まで回ってきます。ダウンスインで腰は開かず、右腰も出ることがなく、理想的な軌道でインパクトに導けます。

ゴルフダンスでスイングのココが変わる！

ヒップターンでプルスライスがなくなる

②
右腰の位置が高いため飛距離を伸ばせる

Before

腰を水平に回すと、トップも低くなります。低い位置から高いフィニッシュを目指すアッパーブローになるため、地面のボールを打つアイアン、フェアウェイウッドが苦手になります。

After

ヒップターンで身につけた右腰を高くする動き方でトップを作ると、ダウンスイングは自然にダウンブローに変わっていきます。下半身のエネルギーをボールに伝え、飛距離を伸ばせます。

6 ヒップフロント

目的

下半身の2番目の動きはヒップフロントです。目的は、おしりの筋肉を使って左足に乗る動きをクセにすること。ダウンスイングで腰が引けることがなくなり、体重を乗せたインパクトができるようになります。

スタートポジション

スタートポジションの作り方

◎両足を肩幅に開いて立つ
◎左足を1足分開けて前に出し
◎左ヒザは軽く曲げておく
◎スイングスティックは腰の高さで
　カラダから少し離して持つ

8回繰り返す

スタートポジション
③の動き

①の動き

①の動き

◎スイングスティックに
腰をぶつけるように突き出し
◎左足に体重を乗せる

③の動き

◎元に戻る

ヒップフロントの意識ポイント

おしりを引き締め腰を前に押し出す

前に出るときには、おしりを両側から引き締めるような感覚を持ちます。おしりから太もも裏など、カラダの後ろの筋肉を使って腰を前に押し出す感覚をつかんでください。

ここに注意！

① 下を向いたり前屈みにならない

② 左ヒザを曲げたままにしない

これが合格ライン！

ヒザを伸ばしながら左足に体重を乗せる

ただ前に出るのではなく、胸を張り腰を突き出して、おしりの筋肉を使うこと。この筋肉を使うクセがつけば、ダウンスイングがよりパワフルになり、飛距離は伸びます。前に進む筋力、上に跳ぶ筋力はそれだけ大きいのです。

通常ダウンスイングでは左右の動きが必要と言われるが、左右の動きで使える筋肉の力は弱く、インパクトの力が急激に増大するわけではない

ヒップフロントのような動きは、ゴルフスイングにはないとお考えですか？　そう考えているとするなら、それが腰引けの原因です。ヒップフロントの動きが身につけば、ヒッカケやヒッカケスライスが消えていきます！

①
腰引けダウンスイングのヒッカケがなくなる

Before

深く回したトップからダウンスイングで何よりもまず腰を回そうとすると、インパクトではカラダが開いて左腰が引けます。その結果、打球はヒッカケかヒッカケスライスです。

After

トップで前にある左ヒザの上にカラダを乗せるようにヒザを伸ばすと、自然にカラダは回転し、腰は正面を向きます。前に乗ればクラブはインサイドから下りてきますから、ヒッカケがなくなります。

ヒップフロントで
ヒッカケがなくなる

②
ダウンスイングの力を
インパクトに集約できる

Before

左腰が引けると、体重は左カカトに乗り、右足にもかなり加重が残ります。これでは下半身の力がインパクトにうまくつなげられず、飛距離を伸ばせません。

After

ヒップフロントの動きが身につくと、おしりをはじめとしたカラダの後ろ側の筋肉も使ってインパクトを作れます。左足の前側に加重すればカラダの開きも止まり、力を目標方向に集約したインパクトが作れます。だから飛ばせます。

7 ヒップスライド

目的

7番目のダンスはヒップスライドです。ダウンスイングでのウエイトシフトとターンの動きの「順序」をカラダの中にクセとして植えつけます。手順にしたがい、1つひとつの動作にメリハリをつけながらつなげていきましょう。

スタートポジション

スタートポジションの作り方

◉両足を肩幅に開き
◉腰の高さでスイングスティックを持つ
◉両手は肩幅より少し広めに

①の動き

◎左足に55%の体重をかける

2 ツー

②の動き

◎右腰を5センチ上げる

3 スリー

③の動き

◎左ヒザを曲げながら
腰を右に60度回す

4 フォー

④の動き

◎上半身の向きをキープしたまま
腰を10センチ左へスライド

5 ファイブ

⑤の動き

◎左ヒザを伸ばしながら
腰を左に回転させる

4回繰り返す

＊タイミングが早すぎる場合は、
1つの動きに2カウントずつとる

スタートポジションの作り方

◎腰の高さでスイングスティックを持つ

1 ワン

①の動き

◎左足に55%加重

2 ツー

②の動き

◎右腰を5センチ上げる

3 スリー

③の動き

◎左ヒザを曲げながら腰を60度回す

4 フォー

④の動き

◎上半身の向きを変えず腰を10センチスライド

5 ファイブ

⑤の動き

◎左ヒザを伸ばしながら腰を左に回転

6 シックス **7** セブン **8** エイト

元に戻る

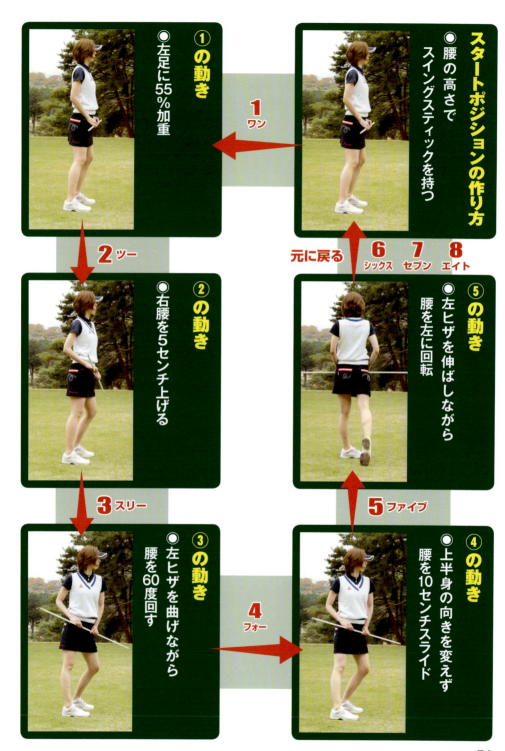

ヒップスライドの意識ポイント》

スライドするあいだは腰を回さない

ポイントは、スライドしているあいだは腰を回さないこと。上半身の向きが変わらないように注意してください。スライドが完了したら、左腰の上で思いっきり回転します。

ここに注意！

スライドする④の動きのあいだはまだ腰を回さない

ヒップスライドで下半身の動きの順序を正しく身につければ、インパクトのタイミングが合ってきます。カラダの前と後ろ、右と左の筋力をバランスよく引き出すことができるため、今までと同じつもりで動いていても、自然と飛距離が伸びていきます。

①
カラダの開きを抑え正確なインパクトができる

Before

カラダの回転スピードを上げて飛距離を出そうとすると、ダウンスイングで肩や腰が開いて腕とクラブがついてこない状態、つまり振り遅れによるスライスが続発します。

ダンスで

変わる

After

スライドしてから左足の上で回転するのが正しい動きです。アドレスの位置よりも左へスライドし、肩や腰が開かずインパクトを迎えることで、正確性が向上します。

ゴルフダンスで
スイングの
ココが変わる!

ヒップスライドで
下半身の動きが完成する

②
体重を乗せた
インパクトが作れる

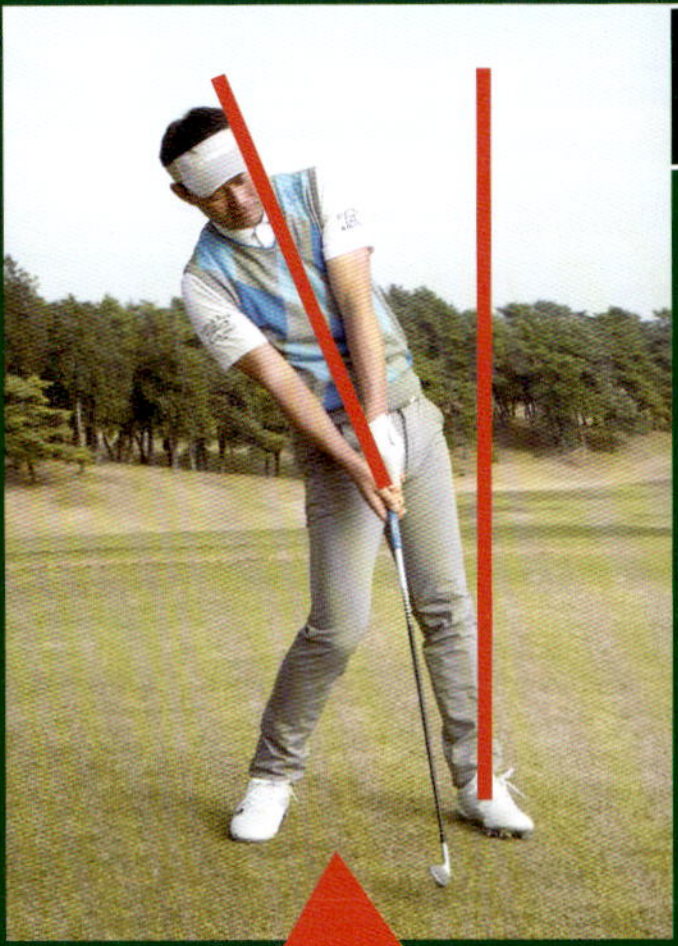

Before

トップからすぐに腰を回そうとする動きは、軸が右に倒れるエラー動作に結びつきがちです。フェアウェイからのショットの際に、ダフリやトップが多発する原因となってしまいます。

ゴルフが
変わる

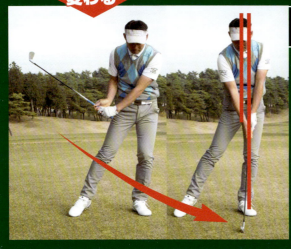

After

トップからまず腰をスライドさせると、インパクトでカラダが開く悩みは解消されます。左のカベが自然にでき、ハンドファーストのインパクトで、ロフト角どおりに強く打ち出せます。

ヒップスライドで下半身の動きの順序を正しく身につければ、インパクトのタイミングが合ってきます。カラダの前と後ろ、右と左の筋力をバランスよく引き出すことができるため、今までと同じつもりで動いていても、自然と飛距離が伸びていきます。

③
インサイドから下ろすスイング軌道ができる

Before

切り返しからすぐにカラダを回転しはじめると、肩も腰も開いてしまい、カット軌道で振るしかなくなります。インパクトの力が左方向へも分散し、飛距離のロスを招いてしまいます。

ダンスで

変わる

◀肩のラインに沿って手を振る

After

ヒップスライドの動きができると肩が開かないため、トップから手が真下に少し下りてきます。そこからは肩のラインに沿って手を振ればインサイド・インの軌道になります。手がカラダの近くを通るため、強い力でインパクトできます。

ゴルフダンスでスイングのココが変わる！

ヒップスライドで下半身の動きが完成する

④ 左足を伸ばす力でクラブスピードを高められる

Before

トップからヒップスライドの動きなく、そのまま回転すると体重は右に残ります。ダフる原因になるのはもちろん、下半身の力がインパクトに伝わらないため、飛距離も出せません。

After

ヒップスライドをすることで肩や腰を開かず、体重を左足に集められます。その状態で左足を伸ばせば、自分の体重のぶんだけ地面から反作用の力を得られ、最大限ヘッドスピードを加速できます。

8 リストセット

目的

上半身と下半身の動きの準備ができあがったところで、クラブを持つ準備をします。それがリストセット。手首の動き、クラブの動かし方を正しくカラダに刷り込んでいきましょう。トップの位置がピタリと決まるようになっていくはずです。

スタートポジション

スタートポジションの作り方

◉両足を肩幅に開く
◉クラブをグリップするように
スイングスティックを持ち
◉アドレスの形を作る

4回繰り返す

スタートポジション

①と②の動き

①の動き

◎左手親指方向に手首を折って戻す

②の動き

◎もう1度同じ動きを繰り返す

③の動き ◎左ヒザを曲げ、右足を伸ばして腰を回し手首は1、2と同じ動きの方向に腕を上げてトップを作る

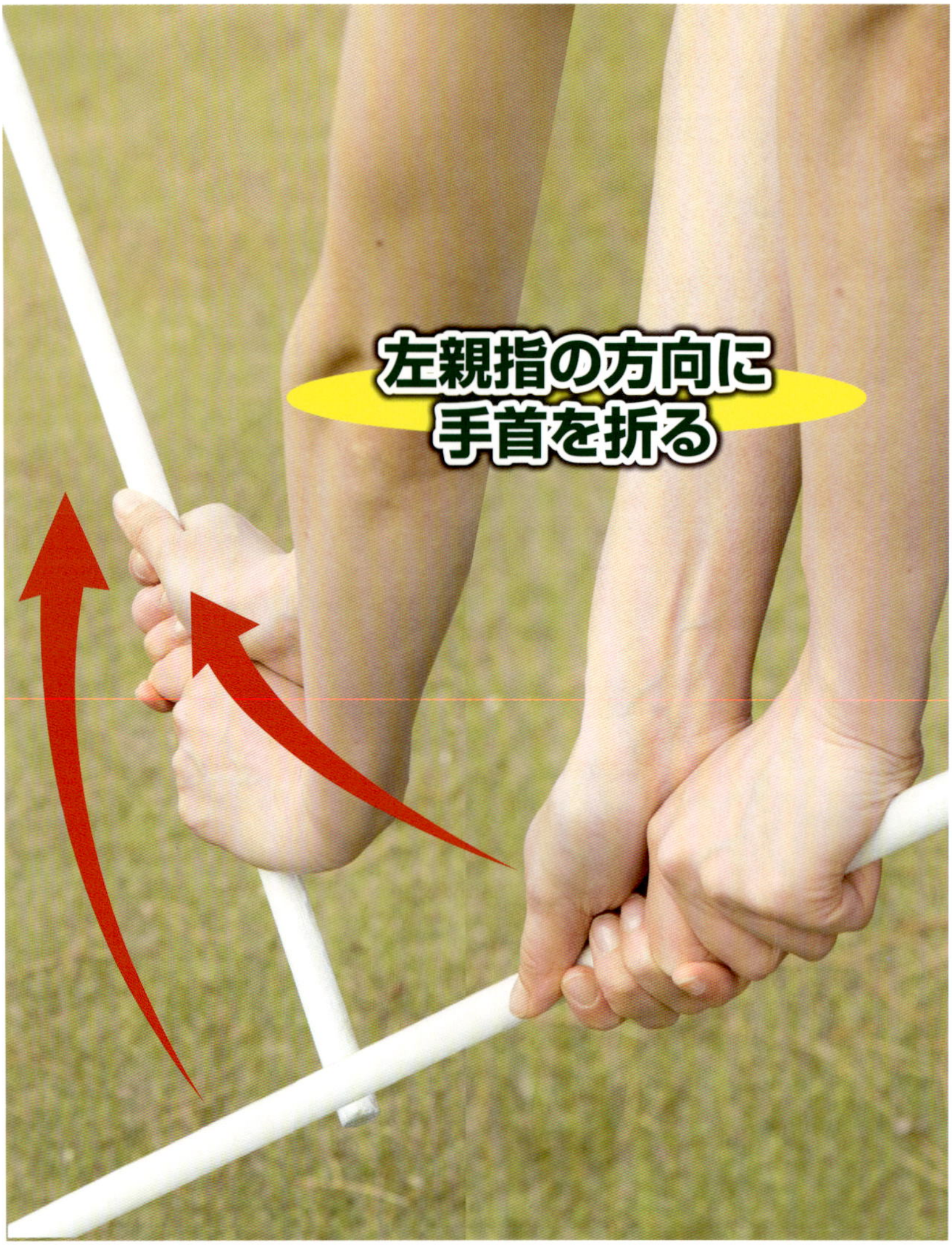

リストセットの意識ポイント

正しいコッキングなら左ワキは開かずフェースは開かない

左親指の方向に手首を折ってスティックの先端を上げます。ストロンググリップならば、その方向は時計の文字盤の1時くらいでしょう。正しく動けば左ワキが開かなくなり、腕が体幹の動きに連動します。フェースはつねにスクエアとなり、ボールの捕まりがよくなります。

リストセットの意識ポイント

手とカラダは
同時に動きはじめ
同時にトップに達する

カラダの動きとクラブの動きを一体化する

手首のコッキングの動きと、カラダのテークバックの動きを同時にスタートさせ、同時にトップの位置にピタッと収まるようにします。できるかぎり両腕は伸ばしたまま行なうよう意識してください。

リストセットはここまで積み重ねてきた上半身の動き、下半身の動きに、クラブの動きをタイミングよく加えるためのクセ作り。クラブフェースはずっとスクエアをキープしたままカラダの動きに加わるだけなので、打球が目標方向にそろってきます。

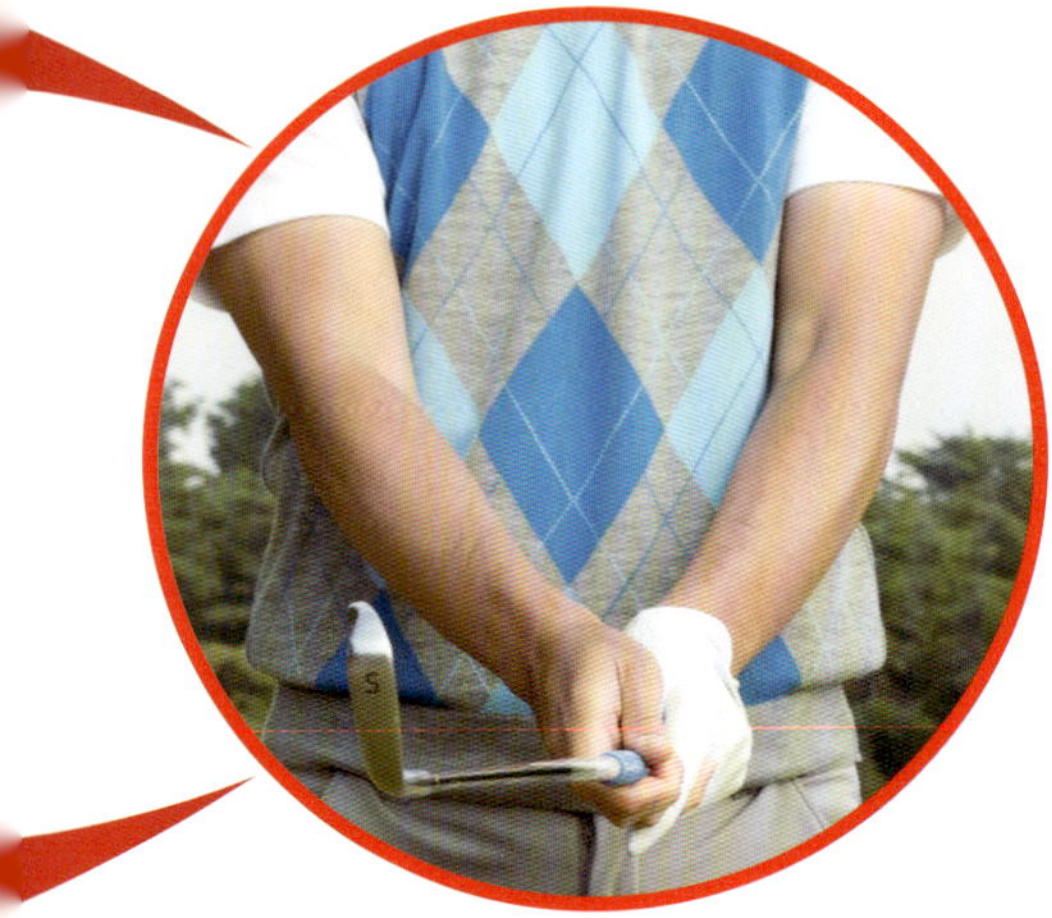

Before

ヒジを曲げ伸ばししながら手首をターンさせて、フェースローテーションを作るイメージでは、インパクトでのフェースの向きは安定しません。手先で微妙なタイミングに合わせることは至難の業だからです。

ヒジを曲げフェースを開いている。
フェース向きは刻々と変わってしまう

ゴルフダンスでスイングのココが変わる!

リストセットで 打球の散らばりが減る

After

手首を左親指方向に折るだけなら、フェースの向きはずっと変わりません。そのままカラダを回転させれば、フェースはボールを捕まえてくれます。手先の操作ではないので、インパクトでのフェース向きがそろい、打球の打ち出し方向は安定します。

右手が左手より高い状態を保ち、フェースをスクエアにしたまま振る

9 ボディースイング

目的

9つ目のボディースイングでスイングの基本OS《オーエス》が完成します。ここまで上半身の動き、下半身の動き、手首の動きを準備してきましたが、それらをうまくつなぎ合わせるのが目的。それをつかさどるのは、リズムです。

スタートポジション

スタートポジションの作り方

◎両足を肩幅に開く
◎クラブをグリップするように
スイングスティックを持ち
◎アドレスの形を作る

4回繰り返す

＊タイミングが早すぎる場合は、
1つの動きに2カウントずつとる

スタートポジション

①の動き

②の動き

①の動き

◎リストセットの「3」の要領でバックスイングする

②の動き

◎ヒップスライドの「5」の要領で
ダウンスイングからフィニッシュ

ボディースイングの意識ポイント

すべてを1つに結びつけるのはリズム

ワンでトップ、ツーでフィニッシュまで振り抜いてください。つまり、スイングは2拍子。少し早いと感じても、音楽のビートに遅れずに動くことを目指してください。リズムに乗ることで、余計な動きが生じなくなり、再現性が高まります。

ボディースイングの意識ポイント

ヒップスライドしながら
クラブが下りてくる

ヒップスライドの形を通ってフィニッシュへ

バックスイング、ダウンスイングとも「ワンツー」のリズムで一気に動きますが、ダウンスイングでは切り返しの一瞬後に「ヒップスライド」の形を経由していることを意識してください。ただ腰がスライドするのではなく、それに合わせて手が下りてきた形であることが重要です。

ゴルフダンスで
スイングの
ココが変わる!

ボディースイングで 上下の連動性が完成する

ボディースイングは、すべての動きを機能的につなげるカギとなる要素、すなわち「リズム」をカラダに刻み込むためのゴルフダンスです。リズミカルに動くことで、上下左右前後のバランスがとれ、スイングの完成度が高まっていきます。

①筋肉の伸びと縮みを感じながらスイングする

Before

ゆっくりしたリズムでスイングしようとしたり、トップの形を探して作ろうとすると、余計な部分にも力が入り、ミスの原因となります。

After

ワンツーのリズムで振るためには、余計なところに力を入れないこと。意識を筋肉の伸び縮みに向けてみましょう。各部分の筋肉は、1つひとつの動きで伸びたり縮んだりしています。どこかが伸びればその逆側が縮み、伸びた部分は次の動きで縮みます。それを感じてください。

第3章

ゴルフダンス・飛ばしのための応用3種類

ゴルフダンス１～９は基本中の基本の動きを身につけさせてくれる動き方でした。それだけでもスイングが美しく変わり、ナイスショットが増えていきます。でも、そうなるとさらに上を目指したくなるもの！

そこで、安定したドローボールで飛距離をさらに伸ばす動きを身につける応用３種類のゴルフダンスを説明します。それらをまとめて１曲で踊るための「飛距離アッププログラム」など、合計４つの目的別プログラムも最後に紹介しています。

10

アームバック&ウエートバック

目的

基本①のアームバックは前に出した左足に踏み込みながら胸を開くように肩をほぐしました。今度は逆に、後ろに置いた右足のカカトを踏みながら肩と腕を動かします。それが、インサイドからのダウンスイングにつながり飛距離を伸ばします。

スタートポジション

スタートポジションの作り方

◎両足を肩幅に開き、左足を1足分前に出す
◎腕は真上に伸ばし
頭の上でスイングスティックを持つ
◎両手の間隔は腕を自然に開く程度
◎体重を左足の上に乗せておく

8回繰り返す

ここが違う！

①のアームバックは
前に乗る動き

⑩アームバック＆
ウエートバックは
後ろに乗る動き

①の動き

◎右足に体重を乗せながら
◎腕を後ろに動かし胸を開く

③の動き

◎元に戻る

アームバック&ウエートバックの意識ポイント

おしりを引いた位置で体重をしっかり乗せる

ヒップターンの動きが身につくと、腰の回転が大きくなります。それだけでも飛距離はアップしますが、その上を目指すのがこのダンスの目的です。

バックスイングで右腰が後ろに回ってきたときに、股関節を折ると同時に胸を張る形を作ることがポイント。この動きを生かしてトップを作れば、おしりの筋肉と胸の筋肉も使ってダウンスイングができます。

ゴルフダンスで
スイングの
ココが変わる！

アームバック＆ウエートバックで上下の連動性が完成する

アームバックでトップでの手の位置を正しくし、ダウンスイングをインサイドから下ろせるようにしました。下ろすインサイドの空間（ふところ）をさらに広げるのがアームバック＆ウエートバックの役割です。これでドローボールを量産できます。

インパクトの力をさらに大きくする

Before

基本ゴルフダンス①のアームバックで、肩のまわりをほぐし、アドレスやトップの正しいポジションをとるためのクセ作りをしました。しかし、トップでさらにパワーを蓄積するためのポイントが、実はもう1つあるのです。

After

アームバック＆ウエートバックの動きによって、右腰はさらに回っていきますが、股関節を折っているため、前傾は保たれます。この形からのダウンスイングならば、おしりと胸の筋肉が使えます。イメージは、ヒップスライドの動きで手を下ろしたら、右足からおしりの力で目標方向へ腰を押すと同時に、開いていた胸を閉じるようにして腕を振ります。

11 ヒップターン&アームアップ

目的

基本⑤のヒップターンで腰の回転量を増やしましたが、ここでは腕を上げる動きと組み合わせ、実際のスイングにより近づけていきます。下半身の動きを効果的に使ってトップを高い位置に上げるため、さらに飛距離アップが見込めます。

スタートポジション

スタートポジションの作り方

◎両足を肩幅に開き、左足を1足分前に出す
◎スイングスティックを縦にして、右手が上、左手が下になるように持つ
◎左右の手は親指が向き合うようにし右手は肩の高さ、左手は腰の高さにする

4回繰り返す

逆方向にも行なう

**左右の手を逆にした
スタートポジションから**

**逆向きに
腰をターンさせる**

①の動き

◎左ヒザを曲げ、右ヒザを伸ばし
　腰を60度回転させる
◎同時に左肩を下げ、両腕を上げる

③の動き

◎元に戻る

ヒップターン&アームアップの意識ポイント

ヒジを曲げない
後ろに上がった腕のヒジを曲げない

右手は背中側で高く上がっていく

基本⑤のヒップターンによって腰の回転量が増えていくと、肩の回転量はさらに増えていきます。そこに腕の動きを加えていくのがこのダンスです。ポイントはヒジを曲げないこと。右肩が深く回り、右手が背中の後ろで高く上がっていくようになります。

ここに注意！

①スイングスティックを垂直に立てたまま上げる

②両腕は伸ばしておく

ゴルフダンスで
スイングの
ココが変わる！

ヒップターン＆アームアップで 右手と左手が正しい位置関係を保つ

右手を上、左手を下にして行なうヒップターン＆アームアップのバックスイングバージョンを繰り返すことで、右手と左手を正しくコーディネートして使う感覚がつかめてきます。「右手が左手より上にある」位置関係が自然にキープできます。

右手はつねに左手よりも高い位置にある

Before

腰と肩を水平に回す結果、クラブのプレーンもフラットになりがちです。トップで右手が左手と同じ高さになって、下ろすときには右手が低くなるとシャフトが寝てフェースが開いてしまいます。

After

左手よりも右手がつねに高い位置を保つようにすると、ワキが開くことを防ぎ、シャフトを立てたまま使えるようになります。軌道もフェース向きもよくなり、球の捕まりや方向性が格段にレベルアップしていきます。

12 ヒップスライド&アームマッチング

目的

基本⑦のヒップスライドの動きに腕の動きを組み合わせ、ダウンスイングを完成させましょう。トップからの切り返しで上半身の向きをキープできれば、理想の入射角からハンドファーストのインパクトを作れます。

スタートポジション

スタートポジションの作り方

◎両足を肩幅に開き

◎スイングスティックをクラブのように持ちアドレスを作る

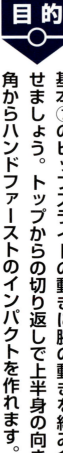

①の動き

◎左足に55％の体重をかける

2 ツー

②の動き

◎右腰を5センチ上げながら手首をコッキングする

3 スリー

③の動き

◎左ヒザを曲げながら腰を右に60度回し腕をトップまで動かす

4 フォー

④の動き

◎上半身の向きをキープしたまま腰を10センチ左へスライド

5 ファイブ

⑤の動き

◎左ヒザを伸ばしながら腰を回転させてフィニッシュまで振る

4回繰り返す

*タイミングが早すぎる場合は、1つの動きに2カウントずつとる

ヒップスライド&アームマッチングの〈意識ポイント〉

腰が左にスライドするあいだに
手が自然に下りてくる

グリップエンドは右腰の横に下りてくる

ダウンスイングの始まりで腰を左にスライドさせているあいだに手は自然に下りてきます。下りてくるのは右腰の横になるように気をつけてください。また、下りてくるあいだ、右手首の角度をキープすることもポイント。スイングスティックでしっかりクセをつけておくと、実際のクラブを持ったときでも同じ動きができるようになります。

ゴルフダンスで
スイングの
ココが変わる!

ヒップスライド&アームマッチングで
体幹、腕、クラブの動きをシンクロさせる

全身の動きをムダなく連動させれば、もっともっと飛距離は伸ばせます。それを身につけるのが12番目のゴルフダンス、ヒップスライド&アームマッチングです。動きのコーディネートの質を高め、スイングの完成度を高めていきましょう。

体幹、腕、クラブの連動の感覚を確かめる

Before

クラブを持つとそれに気をとられ、カラダの動きがおろそかになりがちです。しかしそこでカラダの動きに意識を向けると、今度は手の動きがおろそかになります。

After

せっかくここまで積み上げてきた「いい動きのクセ」を引き出すにはもう1ステップが必要なのです。それが、このヒップスライド&アームマッチング。スイング全体の連動性が高まり、インパクトのタイミングが合うから飛距離も伸びます。

目的別プログラム4パターン

飛距離アッププログラム

⑥
ヒップフロント

⑩
アームバック&
ウエートバック

⑪
ヒップターン&
アームアップ

⑧
リストセット

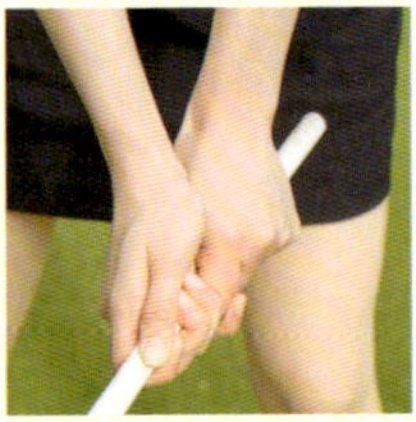

⑦
ヒップスライド

⑫
ヒップスライド&
アームマッチング

⑨
ボディースイング

プレー直前プログラム

①
アームバック

⑤
ヒップターン

⑥
ヒップフロント

⑨
ボディースイング

バックスイング確認プログラム

①
アームバック

②
サイドベンド

③
アームホライズン

④
ショルダーダウン

⑤
ヒップターン

⑧
リストセット

⑨
ボディースイング

ダウンスイング確認プログラム

①
アームバック

③
アームホライズン

⑥
ヒップフロント

⑦
ヒップスライド

⑨
ボディースイング

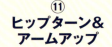

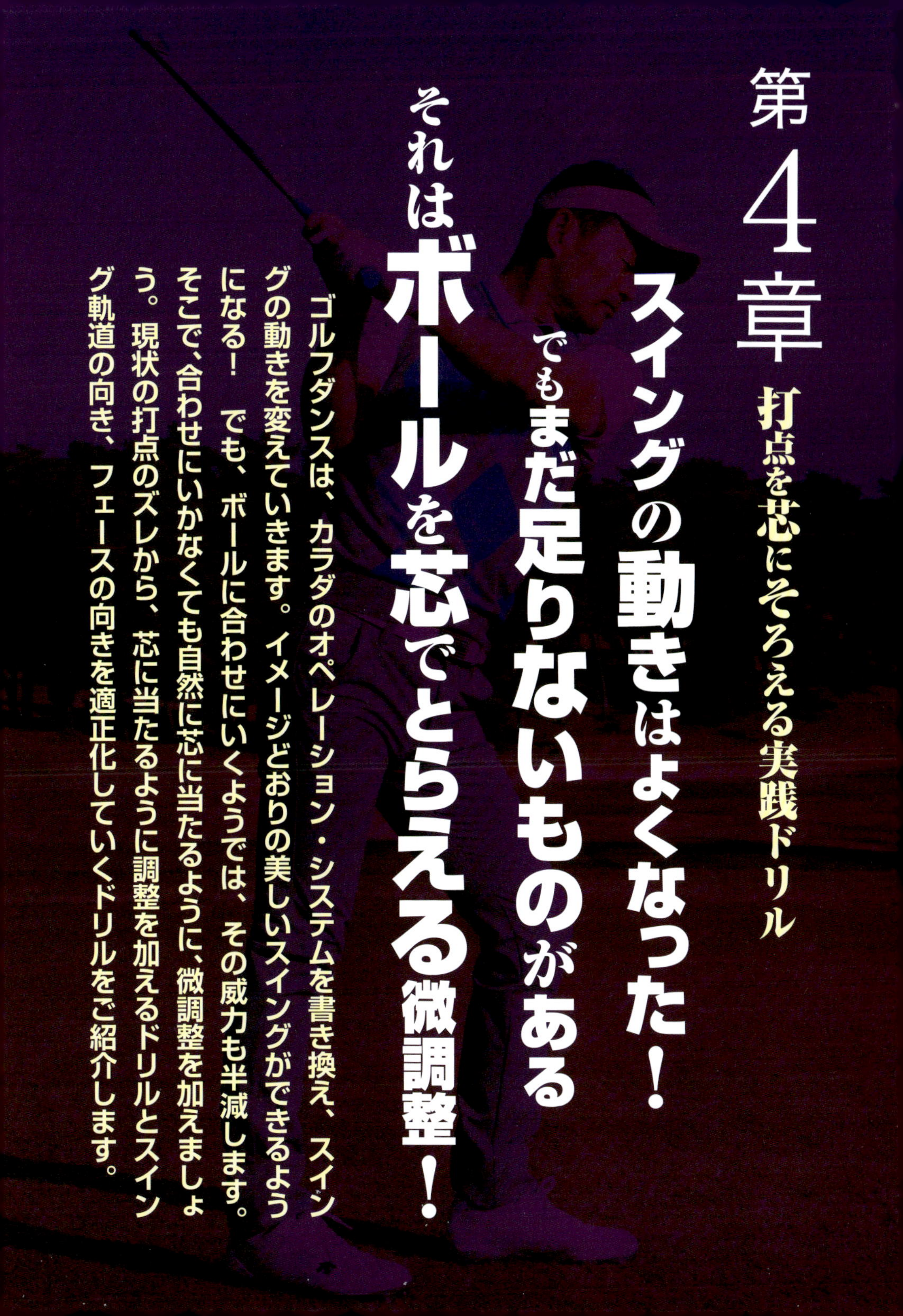

第4章

打点を芯にそろえる実践ドリル

スイングの動きはよくなった！
でもまだ足りないものがある
それはボールを芯でとらえる微調整！

ゴルフダンスは、カラダのオペレーション・システムを書き換え、スイングの動きを変えていきます。イメージどおりの美しいスイングができるようになる！　でも、ボールに合わせにいくようでは、その威力も半減します。そこで、合わせにいかなくても自然に芯に当たるように、微調整を加えましょう。現状の打点のズレから、芯に当たるように調整を加えるドリルとスイング軌道の向き、フェースの向きを適正化していくドリルをご紹介します。

Drill 1 トウにズレる場合！

軸が後ろにズレればトウに当たる。原因は腰が開いて引けること

気持ちよく振って打とうとしたのに打点がトウ側にズレることがあります。その原因の多くは、左腰が引けて左肩が開いてしまい、クラブの軌道が手前側にズレることです。

　これを防ぐには左カカトでボールを踏んで打つ練習。こうすればもう左腰は引けません。さらに、ゴルフダンス6のヒップフロントをおさらいしてください。

左カカトでボール踏みドリル

左カカトでボールを踏んで構えます。通常より少し左ヒザを曲げて左右の高さをそろえてからスイングしてください。

Drill 2 ヒールにズレる場合！

軸が前にズレればヒールに当たる。その原因はヘッドにはたらく遠心力

カラダがスムーズに動いてクラブを速く振れるようになると、ヘッドに大きな遠心力がはたらきます。その力に引っぱられて軸が前にズレると、打点がヒールにズレます。

この場合は、手の力ではなく、体幹の力で遠心力に対抗します。左ワキにヘッドカバーやタオルなどを挟んでボールを打ってください。フィニッシュまで落とさずに振り切ります。

左ワキにタオル挟みドリル

左ワキにタオルやヘッドカバーを挟んで構えます。ワキが締まり腕が体幹に近づき、連動性が一層高まります。

Drill 3 薄く当たる(トップ)場合!

左肩、左腰が高くなると薄く当たる。その原因はすくい打ちのイメージ

　トップの原因として多く見られるのは、ダウンスイングで体重が右に残り、軸が右に傾いて左サイドが高くなること。軌道の最下点を過ぎてヘッドが上がっていくタイミングでボールに当たるため、トップになります。

　これをなくすには、右足を半歩後ろに引き、ツマ先立ちで立ってスイング。左足体重でクラブを上げ下ろす感覚で打ってください。

右足ツマ先立ちドリル

　右足は半歩後ろに引いて、ツマ先を地面につけます。そのまま右足は支える程度でスイング。軸の動かし過ぎがなくなり打点が安定します。

Drill 4

厚く当たる（ダフリ）場合！

最下点が右にズレれば厚く当たる。原因はカラダの右倒れ

厚く当たるズレ、つまりダフリの原因は、クラブを振ろうとして、ヘッドが早くリリースされてしまうことです。

この矯正には、クロスハンドグリップでボールを打つことが効果的です。右手の力だけで振ろうとする動きが抑えられ、右手首の角度をキープしたままインパクトを迎える動きを身につけることができます。

クロスハンドグリップドリル

左手を下にするクロスハンドでグリップしてボールを打ちましょう。右手の早すぎるリリースによるダフリがなくなります。

Drill 5 左に打ち出す（ヒッカケ）場合！

フェースが左を向くから左に飛ぶ。原因はバックスイングで開くこと

打ち出し方向のブレは、軌道よりもフェース向きに原因があります。左に飛ぶのは、フェースが左に向いているから。それを引き起こしているのは、過剰なリストターンです。

　これを矯正するのは、スプリットハンドグリップ。両手を離して握ると収まります。さらにゴルフダンス8のリストセットを繰り返し、両手の動かし方をおさらいしてください。

スプリットハンドグリップドリル

両手の間隔を少し離してグリップすると、「手の返しすぎ」が直ります。つねに右手が左手の上にある位置関係を保つことが基本。

Drill 6

右に打ち出す（プッシュ）場合！

フェースが開くから右に飛ぶ。原因は左ワキが開くこと

右に飛ぶのはフェースが右を向いているからです。それを矯正しようとすると、逆に手を返し過ぎて左に飛ぶことが往々にして起こります。

手先の操作で直すのではありません。原因は手先にあるわけではないからです。大元の原因は左ワキが開くこと。左ワキにタオルを挟み、ダウンスイングで左手の甲をボールに向ける意識を持つと修正できます。

左ワキ タオル挟みドリル

左ワキが開かなくなると、腕が体幹と連動し、クラブ軌道、フェース向きともに改善されます。左ワキにタオルを挟む練習で直ります。

Drill 7 軌道のブレをなくす！

軌道とフェース向きとの関係で打球の曲がりが生まれる

スイング軌道の向きがズレてインパクトのフェース向きとの誤差が大きくなると、打球の曲がりも大きくなります。許容量以上の曲がりが出てきたら、スイング軌道の微調整を施しましょう。

アウトサイド・インが極端な場合は、ボールの手前のアウトサイド側にタオルを置く。インサイド・アウトを矯正したいなら、ボールの手前のインサイド側にタオルを置いて振ってください。タオルに当たらないよう振ることで、自然に軌道が調整されていきます。

軌道修正ドリル

▼ボールの手前で飛球線より手前側にタオルを置くとインサイドから下ろすことができなくなり、インサイド・アウトの軌道が矯正できます。

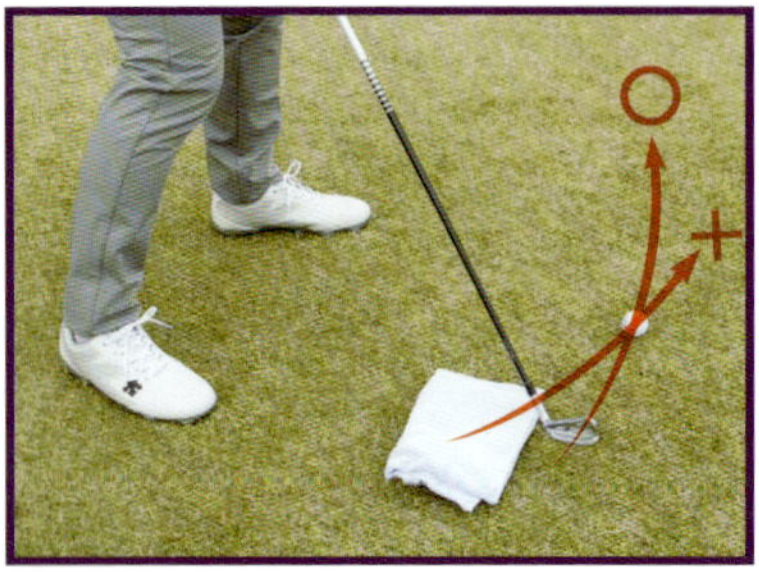

▲ボールの手前で飛球線よりも向こう側にタオルなどを置くとアウトサイドから下ろせなくなり、アウトサイド・イン軌道が矯正できます。

「上達の高速道路」に乗りましょう！

「160ヤードで超える池なのに、気になって振り切れなくなってしまう」という相談を受けました。「気になっていつものスイングができなくなる」。ここにゴルフ上達のヒントが隠されていると気がつきました。

「池は避けたい、飛距離を出すために下半身を早く動かそう。腕を返して球を捕まえよう」などと考えはじめた途端に、動きのパフォーマンスは悪くなります。

しかしプロは、頭で考えてもカラダのパフォーマンスが落ちません。カラダが勝手に反応してくれているからです。それは、カラダに「正しい動きのクセ」がついているからなのです。

緊張していてもカラダが勝手に反応して理想的なスイングを作ってくれる。そんな「正しい動きのクセ」はどうすれば身につけられるのか。「クセ」にするためには、毎日取り組んでもらいたい……。ボールを打つよりも打たないほうが正しい動きになりやすい……。

そこで、思いついたのが、ダンスです。

難しい理論も、膨大な時間や費用、労力も必要ではありません。でも、「1日5分」のゴルフダンス®で知らず知らずに「正しい動きのクセ」がついていきます。

最後となりましたが、本書とDVDの制作にあたり株式会社窓社の宮下隆社長、株式会社ロータスエンターテインメント後藤師也さん、プロダンサーの西島雪さん、新星社西川印刷株式会社山口勉さんに大変お世話になりました。多くのご協力を得ることができてはじめて、この「今までなかったゴルフ上達法」を発表することができました。どうぞご覧ください！　そして上達を楽しんでください！

平成30年2月　小暮博則

■撮影：篠崎 誠、石井健一

■写真：小竹 充

■DVD制作：株式会社ロータス・エンターテインメント

■撮影協力：久邇カントリークラブ、武蔵丘ゴルフコース

■カバー装丁：狩野能彦

世界一やさしいゴルフの上達法

2018年2月28日　第1刷発行

著　　者　小《こ》暮《ぐれ》博《ひろ》則《のり》

発 行 者　宮下 隆

印刷／製本　新星社西川印刷株式会社

発 行 所　株式会社 窓社

〒101-0062

東京都千代田区神田駿河台1-5-6-913

電話 03-6680-9740（代）

http//www.mado.co.jp

ISBN978-4-89625-138-8